ONE DROP OF LOVE

Wenn Träume fliegen lernen

AF235981

Blerina Markaj

ONE DROP OF LOVE

Wenn Träume fliegen lernen

Wenn Träume fliegen lernen

07:35 Uhr. Die Sonne leuchtet orangefarben, draußen weht eine kühle Brise, Wolken am Horizont, das Dröhnen der Gleise. Wie jeden Morgen, seit mehreren Wochen, sitze ich in der Bahn von Luzern nach Zürich Hauptbahnhof. Eine Frau mit zerzausten blonden Haaren, einem rosa Strickpullover, verwaschenen Jeans, zerkauten Fingernägeln. Im Gesicht diese Traurigkeit und diese leeren Augen. Als hätte sie keine Erwartungen, nichts zu sagen. Nichts, wofür es sich zu leben lohnt. Nebenan dieser junge Mann, Mitte zwanzig, mit einem düsteren, grauen Anzug. Einen Flachmann in seiner linken Anzugstasche. Die Bahn ist überfüllt mit Menschen, Menschen jeglicher Art. Alle scheinen mit sich selbst beschäftigt zu sein. Ein kleines Kribbeln in meinen Händen. Die Bäume ziehen an mir vorbei, die Häuser und die Schilder verschwinden im Hintergrund. Und dann diese große Wiese, Apfelbäume. In diesem Moment falle ich zwanzig Jahre zurück in die Vergangenheit. Mein rosa Kleidchen, goldene Locken, auf den Schultern meiner Mutter. »Die grünen Äpfel sind noch nicht reif mein Kleines«, sagt Mama. Dahinter unser Haus, das Haus meiner Träume und Wünsche. Die Kühe liegen ruhig auf der Wiese, die Vögel zwitschern, und dann diese raue Stimme: »Ihre Fahrkarte bitte.« Und plötzlich sitze ich wieder in der Bahn. »Ihre Fahrkarte bitte«, höre ich nochmals, diesmal etwas lauter. Noch zwei Minuten bis zur Endstation. Die Schienen quietschen, die Sonne verschwindet hinter den Wänden des Hauptbahnhofes.

Mein Weg führt mich durch die Stadt. All diese hetzenden Leute, laut, einer schneller als der andere, ohne Rücksicht auf die anderen Passanten. Und dann diese harte Schulter an meiner. Ich drehe mich kurz um und versuche das Geschehene zu realisieren. Dieser Mann mit schwarzen Hosen, schwarzem Rollkragenpullover und einer schwarzen Aktentasche. Es scheint, als würde er die Welt nicht wahrnehmen. Ich verstehe nicht, wieso er so dunkel gekleidet ist. Die Sonne lächelt auf die Straßen, doch keiner scheint das zu genießen, als wäre es selbstverständlich. Ich stehe an der Bahnhofstraße und schaue zum Himmel hinauf. Die Sonnenstrahlen auf meiner Haut, für einen kurzen Moment kehre ich in mich und genieße einige Sekunden der Stille. Das Läuten einer Fahrradklingel. »Geh aus dem Weg«, höre ich eine zierliche Stimme schreien. Bevor ich mich versehe und einen Schritt zurücktrete, bemerke ich, dass ich wieder in der Realität bin. Ich gehe weiter. Die Schule ist direkt um die Ecke. Ich sitze auf der Schulbank. Alle hören aufmerksam zu, der Lehrer erklärt einige Dinge über verschiedene Textsorten. Ich höre nicht zu. Immer mehr merke ich, wie ich in den Tag hinein lebe und mich frage, wie ich mein Leben zu bewältigen habe. Ich hatte Träume, Wünsche und ein Leben. Es waren die kleinen Dinge, an denen ich mich erfreute. Und nun ist alles anders. Viele Dinge waren nicht geplant, vieles geschah völlig unerwartet. Ich verzieh Fehler, die beinahe unverzeihbar sind. Ich versuchte Menschen zu ersetzen, die unersetzbar sind und ich vergaß Menschen, die unvergesslich sind. Ich wurde von Menschen enttäuscht, von denen ich nie gedacht hätte, enttäuscht zu werden. Und, ich habe überlebt. Und, ich lebe noch. Es ist großartig, mit Überzeugung zu versuchen das Leben zu umarmen und mit Leidenschaft zu leben. Mit Klasse zu verlieren und mit Mut zu gewinnen. Das ist die Kunst des Lebens, dachte ich. Aber ich werde nie verstehen, wie es so weit kommen konnte. Ich werde viele Dinge nie verstehen.

»Komm, wir haben Pause«, höre ich leise von einer Mitschülerin. Ich sehe, wie schnell die Zeit vergeht. All diese Gedanken in meinem Kopf. Meine Mutter hat immer gesagt: »Du bist, was du tust, nicht was du sagst.« Ich hole tief Luft und verstehe zum ersten Mal die Bedeutung dieser Worte. All meine Träume, wie vom Winde verweht. Ich verlasse das Schulgebäude und laufe. Ich laufe einfach weiter, ganz ohne Ziel. Ich weiß nicht, ob es Minuten oder Stunden sind.

Plötzlich dieses Funkeln, dieser frische Wind, die singenden Vögel. All diese Farben, goldgelb, braun und grün. Einige Blätter liegen bereits am Boden. Ich setze mich unter diesen wunderschönen Baum. Und plötzlich erinnere ich mich. Es war Heiligabend, der 24. Dezember 1994, als alles begann. Draußen ist es dunkel und kalt, das ganze Land leuchtet weiß. Die Schneeflocken funkeln wie Sterne und der Himmel ist glasklar. Meine Mutter zieht mir die Handschuhe an und sagt: »Wir besuchen jetzt deinen großen Bruder.« Damals verstand ich nicht, wieso mein Bruder weg war. Ich sehe, wie Großvater seine letzten tausend Mark in Mamas Tasche steckt. Sie lächelt mit Tränen in den Augen und verabschiedet sich.

»Wir kommen bald wieder nach Hause«, sage ich zu Großpapa. Er hält mich fest in seinen Armen und ich spüre die Träne, welche an seiner Wange runterkullert. »Du darfst nicht weinen, du musst stark sein. Ich habe den Engeln gesagt, sie sollen auf dich aufpassen«, flüstere ich.

Mama nimmt mich bei der linken Hand, einen Koffer an der rechten. Ich blicke zurück und sehe, wie sich die Tür hinter mir schließt und unser Haus im Nebel verschwindet. Der Weg ist matschig und die Straßen sind nass. Im Dunkeln zwei gelbe Lichter, sie werden immer heller und kommen näher. Mama und ich steigen in den Bus. Zehn Menschen im Wagen, umgeben von tiefer Stille. Wir setzen uns in die hinterste Reihe. Vor uns eine junge Frau mit ihren zwei kleinen Kindern, umgeben von Angst. Auch der Mann auf der linken Seite sieht traurig aus. Ich verstehe nicht genau, warum die Leute an diesem Heiligabend nicht bei ihren Familien sind. Ich verstehe nicht, warum sie in dieser trüben Nacht allein unterwegs sind. Mama nimmt mich in die Arme und sagt, dass ich keine Angst zu haben brauche. Ich nehme ihre Hand, lächle und erwidere: »Ich habe keine Angst. Die Engel werden uns beschützen.« Ich beginne zu singen und alle sehen mich skeptisch an. Nach einer Weile lächelt der ein oder andere und die Kinder singen mit mir mit. Die traurige und trübe Stimmung schwindet und alles scheint wieder gut zu sein.

Es vergehen einige Stunden, ich weiß nicht genau wie viele. Ich öffne meine Augen und sehe bereits die ersten Sonnenstrahlen. »Mama, Mama es ist Weihnachten«, schreie ich und wecke somit alle im Wagen auf. Sie drückt mir eine Schokoladentafel in die Hand, streichelt mir übers Gesicht und küsst mich auf die Wange. Dieser kleine Moment der Freude hält jedoch nicht lange an. Alle brechen in Panik aus und verstecken sich hinter den Sitzen. Passkontrolle an der

Grenze zu Italien. Niemand hat einen Pass. Der Busfahrer läuft langsam nach hinten. Alle Mitfahrer drücken ihm einige Mark in die Hand, ich weiß nicht genau, wie viel es ist, aber es sieht nach sehr viel aus. Ich liege auf der Brust meiner Mutter. Als wir über die Grenze fahren, spüre ich wie ihre Hände zittern und wie schnell ihr Herz schlägt. Es sind Minuten, die mir wie Stunden vorkommen. »Wir sind über der Grenze«, sagt ein Mann. Die Hände meiner Mutter lockern sich und die anderen im Wagen fangen an zu jubeln. In Italien ist es nicht so weiß wie bei uns zu Hause. Der Schnee ist kaum noch erkennbar und die Häuser sind viel größer als bei uns. Draußen die spielenden Kinder, Erwachsene, die zur Arbeit gehen. Die ganze Stadt geschmückt mit leuchtender Weihnachtsdekoration. Wieder vergehen einige Stunden und die Dämmerung umschließt den Horizont.

Im Wagen ist es kalt und wir versuchen, uns mit Wolldecken aufzuwärmen. Ich spüre wie meine Augenlider müde werden und langsam zuklappen. Ich versuche wach zu bleiben, um meine Mutter nicht allein zu lassen, doch ich schaffe es nicht. 03:15 Uhr. Ein lauter Knall reißt mich aus meinen Träumen. »Alle aussteigen«, sagt der Busfahrer. Mama nimmt mich an der Hand und wir gehen nach draußen. Trotz der eisigen Kälte dürfen wir die Wolldecken nicht mitnehmen. Wir stehen irgendwo am Straßenrand. Irgendwo in Mailand, an der Grenze zur Schweiz. Alle verlassen die Straße in verschiedenen Richtungen.

»Entschuldigen Sie«, rief Mama. Die junge Frau mit ihren zwei Kindern dreht sich um und läuft uns einige Schritte entgegen. »Werden Sie an der Grenze abgeholt?«, fragt Mama.

»Ja, von meinem Bruder«, antwortet sie.

»Ich bitte Sie, mich müssen Sie nicht mitnehmen. Ich gebe Ihnen mein letztes Geld, wenn sie meine kleine Tochter mit in die Schweiz nehmen«, erwidert Mama. Zugleich holt sie die tausend Mark aus der Tasche und streckt sie der jungen Frau entgegen.

In diesem Moment fährt der Bruder mit dem Wagen vor. Die junge Frau dreht sich zu meiner Mutter und nimmt sie an der Hand. »Wir können niemanden mehr mitnehmen, das ist viel zu gefährlich«, schreit ihr Bruder.

»Ich kenne diese Frau nicht. Aber ich weiß, wie es ist, als Mutter mit einem kleinen Kind auf einer solch gefährlichen Reise zu sein. Keine Widerrede, sie kommen beide mit«, erwidert die junge Frau.

Ich sitze auf dem Schoss meiner Mutter, in diesem dunkelroten, alten Chevrolet. Wir fahren durch die Straßen und ich sehe nur einige Lichter, welche in der Dunkelheit leuchten und ihr ein wenig Leben schenken. Es kommt mir vor wie eine Ewigkeit, bis wir endlich im Wald ankommen und aussteigen. Mama kniet nieder, macht mir die Jackenknöpfe zu und sagt: »Du musst jetzt gut aufpassen, mein Kleines. Wir laufen durch den Wald und müssen sehr leise sein. Und egal was passiert, du springst einfach weiter und drehst dich nicht um.« Ein kalter Schauer läuft mir den Rücken hinunter, ich spüre den Schweiß unter meinen Handschuhen und kriege Angst. Es hat noch nicht aufgehört zu schneien und der Nebel ist sehr dicht. Ich sehe meine Hand vor Augen nicht und weiß nicht, wo wir sind. Und dann plötzlich einige Stimmen, Taschenlampen in der Dunkelheit, bellende Hunde. Mama reißt mich an der Hand und schreit: »Lauf!« Es geht alles so schnell und ich nehme nichts mehr wahr. Und auf einmal spüre ich die Hand meiner Mutter nicht mehr. Ich verstecke mich hinter einem Baum, die Tränen kullern mir nur so runter. Ich erinnere mich, wie Mama gesagt hat, dass ich einfach weiterlaufen soll, egal was passiert, nicht umdrehen. Es ist kalt, mein Herz schlägt wie verrückt, mein

Blut erfriert in meinen Adern und ich spüre meine Füße nicht mehr. Die Schneeflocken in meinem Gesicht ertränken sich selbst, wie der Sand auf meinen Händen an heißen Sommertagen. Ich laufe und laufe einfach weiter. Ich weiß nicht genau, wie lange ich laufe, bis ich die weinende Stimme meiner Mutter wieder höre. Sie ruft nach mir und ich rufe nach ihr. In ihren Armen breche ich in Tränen aus, ein kurzer Moment, der mir das Leben nimmt. Ein Augenblick, der mein Herz für einige Sekunden zum Stillstand bringt. Nur noch einige Meter und wir sind über der Grenze und somit in der Schweiz. Ein langer, steiniger und harter Weg, den wir gemeinsam gemeistert haben. Ich habe Mama noch nie so traurig, ängstlich und unsicher erlebt. Und trotzdem diese Erleichterung in ihren Augen.

6:35 Uhr in Bellinzona. Wir sitzen im Zug Richtung Fribourg. Wir fahren zu dem Mann, der meiner Mutter das Herz gebrochen hat, der mich und meinen Bruder in Stich gelassen hat, der Mann, der Mama und uns am Abgrund sehen wollte. Mein Vater, selbstlos, unberechenbar und eiskalt. Ein Mann ohne Seele, ohne Liebe, ohne Herz, ohne Stolz. Ein Mensch, der sich nicht auf Worten verstand, sondern auf Taten und Gewalt. Der Mann, der mich nicht in seinen Armen tragen wollte und mich keines Blickes würdigte. Diesem Menschen sollten wir noch ein letztes Mal unter die Augen treten. Mein großer Bruder wartet da auf Mama und mich. Er ist schwer krank und wird deshalb in der Schweiz behandelt. Es liegt bereits ein Jahr zurück, als ich ihn zuletzt gesehen habe. Ich freue mich so sehr, mit ihm wieder im Garten zu spielen.

Auch wenn ich nicht weiß wo unser neues zu Hause ist, weiß ich, dass irgendwann die Zeit für einen kurzen Moment stillsteht und wir wieder glücklich sind. Mein Bruder, Mama und ich. So wie der Wind die Wellen zum Beben bringt, wird er auch unsere Familie wieder zum Leben erwecken.

Mama hat immer gesagt: »Das Leben bedeutet, zu verstehen und aus Fehlern zu lernen. Am Boden zu sein und wieder aufzustehen. Sich die Tränen wegzuwischen und wieder zu lächeln. Die Vergangenheit zu akzeptieren und für die Zukunft zu leben. Weiterkämpfen, auch wenn dir manchmal die Kraft dafür fehlt!« Vielleicht bin ich zu jung um diese Worte zu verstehen. Aber ich verstehe, wie hart das alles für Mama gewesen sein muss. Ich sehe, dass ich die stärkste Mutter der Welt habe. Sie lacht, wenn sie innerlich zerbricht, sie weint, während andere schlafen, sie erzählt uns Geschichten, während sie traurig ist und sie bleibt tapfer trotz aller Hindernisse. Die ersten Sonnenstrahlen erscheinen am Horizont und der Nebel verschwindet langsam in der Tiefe. Wie ein Wasserfall fallen die Tränen vom Himmel herab. Die funkelnden Regentopfen verzieren die Straßen mit Glanz. Ein Glanz so schön, dass er kaum zu beschreiben ist, kaum in Worte zu fassen. Wie die ersten Blumen an lauwarmen Frühlingstagen glänzt der harte Boden der Realität. Es wäre wage zu behaupten, das alles ließe mich kalt. Nur weiß ich nicht genau, wie warm mein Herz ist, um all diese Hindernisse zu bewältigen. Der Schnee schmilzt langsam dahin und die weiße Decke am Boden ist kaum noch sichtbar. Wir sitzen im Zug und die Fahrt kommt mir endlos lang vor. Mama und ich machen es uns bequem und essen eine Kleinigkeit.

»Sind wir bald da?«, frage ich.

»Es geht nicht mehr lange, mein Schatz. Bald wirst du deinen Bruder wieder in den Armen halten«, erwidert sie.

Ich freue mich so sehr, meinen großen Bruder wieder zu sehen, mit ihm zu spielen, auf seinen Schultern zu sitzen und Äpfel zu pflücken.

»Nächster Halt, Fribourg«, ertönt eine zierliche Stimme aus dem Lautsprecher. Mama und ich steigen aus dem Zug und laufen ein Stück, bis wir in den nahe gelegenen Bus einsteigen. Noch eine Station bis zu unserem Ziel.

Mama holt tief Luft und klopft an der Tür. Blonde kurze Haare, ein schwarzes Kleid, rote Fingernägel und einen leeren Blick trägt die Frau, die uns die Tür öffnet. All dieser Schmuck, teure Möbel, frisch gestrichene Wände und ein Marmorboden. Und plötzlich ein lauter Schrei: »Mama!«, ruft mein Bruder aus dem Flur und springt auf uns zu. Mein Bruder und ich brechen in Tränen aus. Nach all diesen Wochen und Monaten können wir uns endlich wieder in den Armen halten, endlich wieder zusammen lachen, spielen und endlos glücklich sein. Mama kniet nieder und nimmt uns beide in die Arme, ein kleiner Moment der Glückseligkeit, der uns wieder zu einer Familie macht.

Der kalte November

Draußen ist es bereits dunkel und die ersten Regentropfen fallen vom Himmel herab. Die farbigen Blätter verzieren den Boden mit Glanz. Gänsehaut an meinem Körper, eisgefrorene Hände und Füße. Wie lange sitze ich wohl schon hier? Ich schaue auf die Uhr und sehe, wie schnell die Zeit vergeht. Der Weg zum Hauptbahnhof kommt mir endlos lang vor und der Regen wird immer stärker. Meine Kleider sind nass, der Regen tropft auf meine Haare und meine Wimperntusche läuft mir über die Wange. Vereint mit Mutter Natur. So muss es sich wohl anfühlen, eine Meerjungfrau zu sein. Mit ihrer glänzenden Flosse, den schönen langen Haaren und ihrem makellosen Körper gleitet sie durch den Ozean. Die Meeresanbeterin mit unendlicher Schönheit. Sie lebt in Freiheit, Unabhängigkeit und Grenzenlosigkeit.

Wie gern würde ich durch den Ozean schwimmen. Eine Liebe zur Natur, eine Liebe so groß, dass sie kaum zu beschreiben ist. Eine Liebe gegen jede Vernunft. Das Erleben der ersten Liebe, das Verlieren der Unschuld. Es gibt Tage, an denen ich einfach wegrennen will, ganz weit weg, ohne zurückzublicken. Ich will meinen Zielen entgegengehen.

Doch das Einzige, was ich sehe, sind weiße Wände, weil keiner den Mut hat, anders zu sein. Die Kunst lieg darin, der Welt zu verzeihen. Ich schreie, doch kein Ton geht über meine Lippen. Ich laufe, doch ich kriege keinen Fuß vor den anderen. Ich will jemanden berühren, doch das Gefühl in meiner Hand hat mich verlassen. Was mir geblieben ist, ist mein Mut, mein Mut, jemandem gegenüberzutreten und die Stirn zu bieten.

Ich werde durch mein Leben springen. Und auch wenn ich eines Tages fallen sollte, dann weiß ich, wofür ich das Ganze getan habe, für die Zeit, die vor mir liegt und für die Vergangenheit, die mich vergessen lässt. Denn irgendwann, wenn sich ein neues Kapitel öffnet, muss man etwas loslassen, um neu anzufangen. Hindernisse sind nur Stufen auf dem Weg nach oben. Ich gehe den Weg, den ich schon immer gehen wollte. Ich werde vieles zurücklassen und ich weiß, dass die Menschen, die mich lieben, da sein werden, wenn ich wieder zurückkomme. Durch unsere Entscheidungen definieren wir uns selbst. Allein durch sie können wir unseren Worten und Träumen Bedeutung verleihen. Allein durch sie können wir aus dem, was wir sind, das machen, was wir sein wollen. Auch die Kraft, der Mut und der Glaube haben ihre Grenzen.

Es sind die Erinnerungen, die mich bewegt haben und nicht zuließen, dass ich in meiner Vergangenheit ersticke. Wir glauben, Erfahrungen zu machen, aber es sind die Erfahrungen, die uns machen. Ich will rennen, einfach rennen und sehen, was auf der anderen Seite dieser Welt auf mich wartet. Ob mir Menschen aus der Vergangenheit begegnen, ob sie mir ein Gefühl der Vertrautheit vermitteln. Ich habe Angst. Angst vor der Nacht, weil ich manchmal das Gefühl habe, ich könnte in der Dunkelheit verloren gehen, und wenn das niemand bemerkt, dann bin ich einfach verschwunden. Ich habe Angst zu sprechen, weil niemand zuhört, wenn ich ganz leise vor mich hinmurmle. Immer schneller und lauter, bis ich schreie und keine Luft mehr kriege, weil mir die Worte die Luft abschnüren und ich an dem Gesprochenen ersticke.

Manchmal habe ich Angst vor dem Einschlafen, weil ich nicht träumen will, denn manchmal stirbt in meinen Träumen etwas, was am nächsten Morgen fehlt und für immer verschwunden bleibt, egal wie tief ich tauche, um danach zu suchen. Und manchmal habe ich Angst vor dem Aufwachen, weil meine Geschichten dann mit den ersten Sonnenstrahlen ineinander brechen und ich nicht weiß, ob sie überlebt haben oder ob sie untergegangen sind. Ich habe Angst davor, dass mich Menschen vergessen.

Dass sie sich irgendwann nicht mehr an mich erinnern werden. Manchmal fallen Worte, die ich nicht sagen wollte. Manchmal muss ich lachen, obwohl es unangebracht ist. Manchmal verlassen mich Menschen, die ich liebe. Manchmal fließen Tränen, obwohl ich sie nicht zeigen wollte. Manchmal passieren Dinge, die ich nicht will. Das Mädchen ohne Herz, das Phantom ohne Gesicht, das Lachen ohne Glück, der Schatten ohne Licht, die Sehnsucht nach mehr, der Abgrund ohne Tiefe, das Ende ohne Anfang. Und vielleicht, weil hier ein Herz aus Stein zu Hause ist. Ich bin verrückt, weil ich glaube, dass alle Menschen irgendwo etwas Gutes in sich haben, weil nichts aus Zufall passiert, weil ich mein Leben für ein Märchen halte. Ein Märchen, indem alles irgendwie eine gute Wendung nimmt. Ich bin verrückt, weil ich den Regen liebe, den Klang, wie die Tropfen an der Scheibe runterlaufen.

Manche sagen ich sei verrückt, weil ich über alles lache. Aber eigentlich sind alle anderen verrückt, weil sie das Leben verpassen, weil sie an ihrem Glück vorbeilaufen, weil sie vor der Wahrheit weglaufen und weil sie ihre Zeit mit Lügen und Intrigen vergolden. Ja wir leben in einer Welt, in der Menschen vorgeben etwas zu sein, was sie nicht sind und wahrscheinlich niemals sein werden. Ich spüre, wie sich diese Geschichte langsam dem Ende naht und ich sehe, wie sich das Blatt wendet. Hand aufs Herz, ich werde weiterkämpfen. Ich bewahre, was ich habe. Ich vergesse, was mir wehtat. Ich kämpfe für das, was ich will. Ich schätze, was ich habe. Das ganze Leben warten wir auf etwas. Doch das Einzige, was an uns vorbeizieht, ist unser Leben. Wir schätzen die wunderbaren Momente erst, wenn sie zu Erinnerungen werden. Ich tanze im Regen und genieße jeden Tropfen, der auf mein Gesicht fällt. Die Leute verstecken sich unter ihren Schirmen und schlendern durch die Straßen. Und endlich begreife ich es. Es kommt der Zeitpunkt in meinem Leben, an dem ich es geschafft haben werde, dass es mich nicht kümmert, was andere über mich sagen oder denken.

An dieser Stelle erfährt man, dass es manche Menschen einfach nicht lassen können und in Versuchung kommen, Neugier, Intrige, Neid und Hass zu vermitteln. Was diese Menschen jedoch nicht wissen, dass es mich gar nicht stört, wie sie über mich urteilen. Denn ich habe es geschafft, sie nicht wichtig werden zu lassen. Irgendwann kommt der Tag, wo all das auf sie zurückkommt. Deshalb hebe ich keine Wut, keinen Hass und keine Trauer. Es rächt sich alles im Leben, weil jeder irgendwann das bekommt, was er auch verdient.

Und dann diese rote Tür. Es ist die rote Tür einer kleinen, verdreckten Kneipe. Blaue Wände, kleine

Fenster und ein alter Musikautomat. Ich setze mich an die Bar. »Einen doppelten Whisky«, sage ich mit leiser Stimme. Der Typ an der Bar dreht sich zu mir, ein kalter Schauer läuft mir über den Rücken. Diese geheimnisvollen, unberechenbaren, eisblauen Augen, als wären sie nicht von dieser Welt. Ein kleines Funkeln in seinen Augen, in seinem Lächeln. Ein Gefühl der Faszination umgibt mich und für einen kurzen Moment, steht die Zeit still. Augen, die eine Geschichte erzählen, die viel geweint haben, vieles gesehen haben, vieles erlebt haben, gelacht haben und gelitten haben. Augen, die Geheimnisse bewahren.

Mein Atem fühlt sich kalt und schwer an. Die kalten Regentropfen auf meiner Haut, die Holzplatten unter meinen Füßen, der harte Boden der Realität. Tausend Gedanken schießen mir durch den Kopf. Der erste Whisky, der zweite, der dritte. Ich sehe zu ihm, wie er sich bewegt, wie er redet, wie er lacht. Ein Tattoo am rechten Unterarm. Auf den ersten Blick erkenne ich es nicht, aber es sieht aus wie ein Engelsflügel. Was dieses Tattoo wohl bedeutet? Glauben? Segen? Oder bloß die Erkenntnis, dass auch Engel weinen? Eine Spiegelung seiner Taten, gezeichnet auf der Haut? Verewigt, mit feinsten Nadeln gestochen? Ein Symbol mit unvergesslicher Bedeutung? Ein Zeichen dafür, an das Gute im Menschen zu glauben? Eine Erinnerung, die unter die Haut geht? Oder doch bloß ein bedeutungsloses Tattoo? Er setzt sich an den Flügel. Dieser verträumte Blick, mit dem mich dieser geheimnisvolle Fremde verzaubert. Ich träume von einem einzigen Tanz, umschlungen Arm in Arm, auf diesem hölzernen Parkett. Er sitzt einfach da und spielt auf diesem lackschwarzen Flügel, auf diesem alten Klavier. Sanft schweben seine Finger über die weißen Elfenbeintasten. Ein magisches Gefühl durchfährt meinen Körper, sein Blick sagt mehr als tausend Worte. Still sitzt er da, die Augen geschlossen, verträumt.

Wie verzaubert, durch eine magische Kraft, schreite ich zu ihm und setze mich, schließe die Augen. Einzelne Klänge nehme ich auf, meine Gedanken fliegen hin und her, glücklicher könnte mich dieser Fremde nicht machen. Langsam ertönten die letzten Klänge, wir öffnen die Augen, verträumt, lächelnd sieht er in meine Seele, streicht mir sanft, zärtlich übers Gesicht, nimmt meine Hand und küsst mich leidenschaftlich. Die Melodie spielt immer noch in unseren Adern, unter der Haut, Hitze, Lust, brodelndes Feuer durchfährt unsere Körper.
Haut an Haut, ich spüre seinen schnellen, heißen Atem, alles ist neu, aber dennoch vertraut.

Ein schnelles, kribbliges Gefühl gleitet in unseren Körpern, ein Feuerwerk bricht aus, es strahlt. Gemeinsam fliegen wir durch die Sternennacht, wie vom Winde verweht. Alles nur Einbildung? Tatsächlich. Ich sitze an der Bar, allein. Meine Haare tropfen auf den Tisch, die nassen Kleider lassen meinen Körper erfrieren. Und dann eine Wolldecke. Er, der Fremde mit den eisblauen Augen, bringt mir ein Handtuch und legt mir eine Wolldecke über die Schultern.

»Du solltest dich ein wenig abtrocknen, sonst erfrierst du«, sagt er. Diese großen, weichen Hände, rabenschwarze Haare, ein Grübchen an der rechten Wange, ein strahlendes Lächeln. Ich blicke tief in seine Augen, einige Sekunden, bis ich merke, dass ich mich in ihnen verliere.

Es ist bereits 3:00 Uhr in der Früh, in der Bar sitzen noch drei, vier Leute und aus dem Musikautomaten erklingt das Lied von 3 Doors Down »Here without you.« Zum ersten Mal achte ich auf die Worte, auf den Text und ich höre zwischen den Zeilen. Und plötzlich setzt er sich zu mir, wirft sich das Handtuch über die linke Schulter und sagt: »Bald Feierabend. Der nächste Drink geht aufs
Haus.«

Da sitze ich nun und trinke den vierten Whisky. Er, der Fremde, mit seinem makellosen, markanten Gesicht, stellt die Stühle auf die Tische, schließt die Tür ab und setzt sich an den Flügel. Die ersten Töne erklingen, ich schließe meine Augen, und ehe ich mich versehe, steht er vor mir. Er schaut mir tief in meine Augen, die linke Hand an meiner Hüfte, die rechte an meinem Nacken, er beißt sich auf die Lippen, schaut auf meinen Körper und wieder zurück in meine Augen, er zieht mich an den Tresen, drückt seinen Körper an meinen. Meine Hände zittern, Gefühle der Leidenschaft, Begierde und Habgier lassen meinen Körper vibrieren, das Blut in meinen Adern wird zu Gift. Seine Augen, undurchschaubar und geheimnisvoll. Mein Herz, schnell, heiß, brodelnd. Sein Parfum sitzt tief verankert. Diese Lippen, dieser Kuss, dieser Körper.

Er reißt mir den Pullover vom Leib, legt mich auf den Billardtisch, seine Hand streicht durch meine nassen Haare. Sein Atem, heiß, schnell, voller Lust. Ich fühle es, er begehrt mich, jeden Teil meines Körpers. Sein Nacken, sein Rücken, alles an ihm ist perfekt. Wir schmelzen ineinander, er flüstert mir leise in mein Ohr, beherrschen kann ich mich schon lange nicht mehr. So sanft, so nah, kralle ich mich an seinen Rücken. Er haucht mir Worte der Wollust ins Ohr, wirft sich immer wieder in mich. Er und ich, fern von Raum und Zeit, unendliche Sehnsucht, alles zu berühren, Haut auf Haut, bebende Körper, Brust an Brust, unersättlich ist das Verlangen. Er betört meine Sinne, macht mich süchtig, raubt mir den Verstand. Sein nackter Körper wirkt wie eine Droge, zieht mich in seinen Bann. »Lass es mich spüren, lass es mich fühlen, lass es mich genießen«, sage ich. Seine Hände auf meinem Körper, sein Mund auf meiner Brust, sein Körper vereint mit meinem, seine Worte in meinen Ohren, sein Atem auf meiner Haut, sein Geruch in meiner Nase, seine Liebe verbunden mit meiner.

Die ersten Sonnenstrahlen reißen mich aus meinen Träumen. Eine grüne Wand, ein kleines Dachfenster, die Terrasse, unzählige Schallplatten in diesem dunkelroten Regal. Seinen Namen kenne ich immer noch nicht. Da liege ich nun, nackt, mit dem Fremden, der mein Herz höher schlagen lässt. Ich betrete die Terrasse, dieser wunderschöne Ausblick über den See, draußen spielende Kinder, Erwachsene, die zur Arbeit gehen, eine prachtvolle Weihnachtsdekoration, wie damals, am Heiligabend. Die Schneeflocken fallen auf meine nackte Haut, die kalten Platten unter meinen Füßen. Ich habe Angst vor dem, was war. Angst vor dem, was ist.
Angst vor dem, was sein wird. Ich sah ihn an, das erste Mal, und ahnte nicht, was mit diesem Blick beginnen sollte. Ich sprach mit ihm, das erste Mal, und wusste nicht, dass er die Antwort auf meine Fragen ist. Er nahm mich in den Arm, das erste Mal, und ich fühlte, wie verwandt unsere Herzen sind. Da steht er nun, seine Arme fest um mich geschlossen, ein Kuss auf

die Wange. Gemeinsam sitzen wir am Frühstückstisch. Seine Augen strahlen, sein bittersüßes Lächeln. Wir reden, wir reden endlos lange, ich weiß nicht genau, ob es Minuten oder Stunden sind. Ich fühle mich richtig wohl in seinen starken Armen und genieße jede Sekunde, die ich mit ihm verbringe.

Ich kann es nicht verstehen. Mein Herz brennt vor Sehnsucht, meine Lippen verlangen nach seinen leidenschaftlichen Küssen, meine Haut braucht seine zärtlichen Berührungen. Meine Gedanken kreisen nur noch um ihn.

Der erste Tag, ohne ihn, ist die Hölle auf Erden. Die Sehnsucht übersteigt meine Lebenskraft, ich laufe los, erst zögernd, dann schneller. Mein Weg führt mich zum See, ein See überdeckt mit einer glänzenden Eisschicht, eine prachtvolle Schneedecke auf den Bäumen. Ich warte, doch ich warte vergebens. Der zweite Tag, ohne ihn, er beginnt genauso wie der erste Tag. Die Trauer, der Schmerz, alles ist wieder da. Die Sehnsucht ist stärker, als sie zuvor jemals war. Doch heute habe ich Hoffnung auf einen besseren Tag. Ein lieber Brief, ein Anruf von ihm, das Einzige, was ich mir wünsche. Ich zähle schon die Stunden, seit ich ihn zuletzt gesehen habe. Ich wünschte, sie würden etwas schneller vergehen. Doch die Zeiger ticken langsam, tagein und tagaus. Der dritte Tag, ohne ihn. Doch heute gibt es Hoffnung für mich, Hoffnung auf ein baldiges Wiedersehen. Die Tränen sind versiegt, doch Trauer und Schmerz bleiben. Ich möchte seine Wärme und Zärtlichkeit spüren. Und dann der Anruf, der alles verändert. Ich schaue aufs Handy, zittere, lächle trotz der Tränen in den Augen. »Hallo«, sage ich. Es vergehen einige Minuten am Telefon, Freude überkommt mich. Ich laufe, ich laufe so schnell ich kann. Das Eis ist dick, die Decke hält, Schlittschuhlaufen auf dem spiegelglatten See mit ihm. Meine Hand fest umschlungen in seiner, Liebe in meinem Herzen.

Der stürmische Tag nähert sich langsam dem Ende zu, Hand in Hand, lachend, auf dem Weg in die Wärme. Draußen bläst der Wind und fegt Flocken an die Fensterscheiben, mürrisch patrouilliert der Mond hinter der dicken Wolkenwand. Am Kamin sitzen wir, ich stütze meine Füße auf das Gitter, starre in die Gluten, in das heiße, helle Sterben.

Kleine blaue Flackerflämmchen beben wie erschrockene Seelen und goldene Flammenschwerter stoßen blitzend in die leere Luft. Aus tiefstem Herzen tauchen die Gedanken in einen Traum, aber glaube ich diesen Traum? Ist es das warme Leben? Eis ist in meinem Herzen gefrostet, hartes Eis, hart wie Asphalt. Und trotzdem bin ich glücklich, glücklich mit ihm. Es vergehen Stunden, Tage, Wochen. Es fühlt sich so richtig an. Seine Augen, unergründlich und schön, blicken mich an, voller Liebe, manchmal jedoch so fragend, zweifelt er an mir? Meine Augen, für ihn lesbar wie ein Buch, suchen ihn, finden und umfangen ihn, wie meine Arme, die immer für ihn offen sind. Wenn sich unsere Blicke treffen, weiß ich, dass wir uns nie belügen werden. Zweifel darf es keine geben, denn sie würden seine wunderschönen Augen töten.

Doch nun musste ich mich dem Kampf zwischen Gedanken und Gefühlen stellen. Ich werde geliebt und ich weiß nicht, wie ich diese Liebe erwidern soll. Ich erlebe die Liebe und mache ewige Versprechen und am Ende werden beide ein gebrochenes Herz haben. Ich weine, während ich Musik höre und mir unsere Fotos ansehe. Es ist leichter zu denken als zu fühlen – leichter Fehler zu machen, als das Richtige zu tun – leichter zu kritisieren als zu verstehen – leichter Angst zu haben als Mut. Es ist leichter zu schlafen als zu leben – leichter zu bleiben, was man geworden ist als zu werden, was man sein möchte. Irgendwann ist es Zeit, über eine Beziehung nachzudenken. Dann, wenn sich Missverständnisse häufen, wenn man sich nicht mehr blind vertrauen kann, wenn man die Zärtlichkeiten des anderen nicht mehr genießt, wenn man nicht mehr alles für den anderen tun würde. Sind wir dann glücklich? Manche denken, der beste Weg sich das Herz nicht brechen zu lassen, sei vorzutäuschen, dass man gar keins hätte. Das Gefährliche daran ist, dass man irgendwann nichts mehr vortäuschen muss.

Ich habe gelernt zu leben, ohne geliebt zu werden. Und ich werde diesen Schmerz tief in mein Herz schließen. Ich sehe zu, wie er daran kaputt geht. Ich unternehme nichts und lasse es zu. Man sagt, die Augen seien der Spiegel zur Seele. Doch ich glaubte den Lügen in den Worten und übersah die Wahrheit in den Augen. Zu viele Fehler, zu viele leere Versprechen, zu viele Lügen. Zu oft gestritten, zu oft geweint, zu oft gelitten. Und das alles nur, weil ich es nicht anders konnte, oder vielleicht, weil ich es nicht besser wusste. Tränen, die sagen, ich kann nicht mehr. Tränen, die sagen, ich will nicht mehr. Tränen, die Adieu sagen. Doch sieh sie dir an. Es sind auch Tränen, die sagen, ich brauche dich. Genau da stehe ich, zwischen ihm und meinem Leben. Er schaut mir in die Augen und sieht im gleichen Moment wieder weg. Er kämpft gegen die Tränen, doch er schafft es nicht. »Es ist vorbei«, sagt er. Und plötzlich habe ich das Gefühl, dass ich ihm nicht mehr so wichtig bin. Ein Ozean aus Tränen, doch es ändert nichts.

Das Einzige, was mir geblieben ist, ist ein Brief, von mir, für ihn:

›Dies sind nun die letzten Zeilen, von mir, für Dich. Ich schreibe Dir diesen Brief mit unglaublicher Sehnsucht und Schmerz. Ich möchte Dir für all das danken, was Du mir in den letzten Monaten gegeben hast. Du warst ein treuer Partner an meiner Seite, an der Seite einer Närrin. Ich habe all die großen und kleinen Dinge, Gesten und Gefühle, die Du mir so oft gegeben hast, nicht zu schätzen gewusst. Ich tat es nicht aus Bosheit, sondern weil ich nicht anders konnte, weil ich es nicht besser wusste. Ich danke Dir dafür, dass Du mir beigebracht hast, wie wertvoll Liebe sein kann, wie unglaublich groß und intensiv. Du hast mir gezeigt, dass ich mich öffnen darf, meine Gefühle preisgeben kann und ich für Menschlichkeit und Tränen nicht ausgelacht werde. Unsere Geschichte endet nun, sie endet, weil ich nicht in der Lage war, unsere Liebe auf ein sichtbares Podest zu stellen, für Dich. Nicht in der Lage war, Dir jeden Tag zu sagen, wie wichtig Du mir bist. Nicht in der Lage war, ehrlich zu sein. Du hast mir nun gezeigt, wie viel man vom eigenen Sein zerstören kann, indem man nicht aufrichtig mit einem geliebten Menschen umgeht. Dieser unglaubliche Schmerz, der mich mit jedem ersten Augenaufschlag durchfährt, wird irgendwann schwinden, doch ganz wird er nie vergehen. Ich habe mein Leben, meine Zukunft und Dich vertrieben, weil ich all das nicht sein konnte, was Du verdient hättest.

All meine Wünsche, Hoffnungen und Gedanken zielen in Deine Richtung. Ich würde Grenzen durchbrechen, Berge erklimmen, nur um ein letztes Mal an Deiner Seite zu sein. Ich habe Dich in die Knie gezwungen, indem Du nie wusstest, woran Du warst. Doch ich habe gelernt, dass ich Dir einen Einblick in mein Leben und in meine Seele hätte gewähren sollen. Ich konnte es nicht, weil ich es nie gelernt habe. Du hast mich an die Hand genommen und mir all das gezeigt, mich zum Nachdenken gebracht, doch es war zu spät. Zu spät für ein weiteres »uns«. Dieses Wissen ist schmerzhaft, unbeschreiblich sogar. Ich blicke nun in eine Zukunft, die mir Angst bereitet, denn ich werde eine Zukunft ohne Dich betreten. Ich habe Angst, halt los durch das Leben zu marschieren, ohne Dich an meiner Seite. Ich habe Angst, mich vollends zu verlieren und ich habe Angst, dass die Erinnerungen an Dich verblassen. Es gibt so viele Fragen, auf die ich keine Antwort kenne. Würde, würde, würde. So viele Dinge, die ich nicht verstehe. Würdest Du mich nicht bitten, Dir zu versprechen, dass es keine Ausnahme sei, es nicht das letzte Mal wäre. Du das nur schwerlich verkraften würdest. Würdest Du mich nicht bitten, bei Dir zu übernachten. Würdest Du mir nicht sagen, dass es dich überkommt, sobald ich in Deiner Nähe bin, ich mir etwas darauf einbilden könnte. Würdest Du mir nicht unentwegt tief in die Augen sehen. Würdest Du währenddessen nicht Deine Hände in meinen vergraben. Würdest Du mich nicht so küssen, sagen, dass Du so gerne Zeit mit mir verbringst.

Wie sehr ich Dich zum Lachen bringe, mir sagen, egal was ist, Du wärst immer für mich da. Schmerz in meinem Herzen, Leere in meinem Kopf, Asche in meinen Adern. Tausend Worte, die ich schreiben könnte, ein endloser Brief, geschrieben unter Tränen, Tränen aus Blut. Meine Gedanken kreisen nur um Dich und in meinen Träumen bist Du immer bei mir. Ich liebte es, wenn Du gelächelt hast und durch Dein Strahlen mein Herz erwärmt hast.

Wenn Deine Augen vor Begeisterung anfingen zu leuchten. Deine Stimme, vor allem wenn Du dich aufgeregt hast und sie dann in diese bestimmte Tonlage fiel, die so typisch »Du« war und bei der ich Dich nur umarmen wollte. Ich liebte es, dein Lächeln zu hören, deshalb tat ich jeden Tag mein Bestes, um es dir zu entlocken. Deine Augen, stundenlang konnte ich sie anstarren. Deine Hände, wenn sie sich um meine schlossen und ich wusste, in sie konnte ich mein Herz, meine ganze Welt legen, und Du würdest sie gut beschützen. Mit Dir zusammen zu spüren, es hat alles einen Sinn. Ich liebte es, wenn Dir etwas peinlich war, sodass ich Dich in solchen Momenten am liebsten auffressen oder zumindest anknabbern wollte.

Jedes Foto, auf dem Du abgebildet warst, weil ich jedes Mal daran erinnert wurde, wie schön es mit Dir war. Ich liebte es aufzuwachen, Deine Hand in meiner, und durch ein sanftes Drücken festzustellen, ob ein Druck zurückkommt und wir uns zueinander drehen. Ich liebte es, wenn dir etwas so sehr gefiel, dass Du so vernarrt darin warst, dass Du ganz euphorisch wurdest und diesen unbeschreiblichen Gesichtsausdruck hattest. Das Unwissen, das uns umgab, weil wir nicht wussten, wie wir »uns« nennen sollten. Dich, weil Du nicht perfekt warst, und Dich das in meinen Augen perfekt machte. Die Art, wie Du geschaut hast, wenn Du Dich konzentriert hast. Ich liebte Dich, gestern, heute und morgen. Du bist mir so nah und doch bleibst Du für immer unerreichbar.‹

Worte, die mein Herz zerfetzen, in Millionen Stücke reißen, in Scherben zerbrechen. Einsam wandere ich durch die Nacht, in Gedanken bei ihm, über mir der

Himmel mit Sternen übersät. Ich suche mir zwei heraus und stelle mir vor, es wären seine Augen. Ich lächle zu ihnen hinauf, doch als Antwort erscheint nur eine Sternschnuppe, eine Träne, die über seine Wange läuft. Ich strecke meine Hand aus, um sie wegzuwischen. Doch in diesem Augenblick zieht eine Wolke vorbei und wischt ihm die Träne aus dem Gesicht. Als die Nacht vorübergeht, verblassen die Sterne, als würde er die Augen schließen. Minuten, die zu Stunden werden.

Stunden, die zu Tage werden.

Ich blicke aus dem Fenster, nur mit einem Gedanken. Nur warten auf den Augenblick, den Augenblick des Wiedersehens. Blitze, Donner, Regentropfen, kommen nieder auf mein Gesicht, zerschneiden es in tausend Stücke. Wie die Scherben meines Spiegels liegen die Scherben meines Herzens in Trümmern. Es schmerzt, jemanden zu lieben und nicht zurückgeliebt zu werden, aber was am meisten schmerzt, ist jemanden zu lieben und niemals den Mut zu finden, der Person zu sagen, was man für sie empfindet. Vielleicht möchte Gott, dass wir zuerst einige falsche Leute treffen, bevor wir den Richtigen finden. Dann sollten wir dankbar für das Geschenk sein. Eine traurige Tatsache im Leben ist, dass du jemandem begegnest, der dir viel bedeutet, um am Ende herauszufinden, dass ihr nicht füreinander geschaffen seid und du nun loslassen musst. Wenn sich eine Tür der Freude schließt, dann öffnet sich eine neue. Aber allzu oft schauen wir so lange auf die geschlossene Tür, dass wir gar nicht sehen, wie sich eine andere Tür für uns geöffnet hat. Liebe ist, mit jemandem auf der Veranda zu sitzen und zu schaukeln, ohne ein Wort zu sagen. Und wenn man geht, das Gefühl hat, es sei die beste Unterhaltung gewesen, die man jemals hatte.

Es ist wahr, dass wir nicht wissen was wir haben, bis wir es verlieren. Aber es ist auch wahr, dass wir nicht wissen, was wir vermissen, bis es erscheint. Jemandem seine ganze Liebe zu geben ist niemals eine Garantie zurückgeliebt zu werden. Erwarte keine Liebe als Gegenzug, warte, bis sie in den Herzen anderer wächst. Aber wenn sie es nicht tut, so lasse sie in deinem Herzen wachsen und gedeihen. Es gibt Dinge, die man hören will, aber man wird sie niemals von der Person hören, von der man es hören möchte. Aber man sollte nicht taub den Worten gegenüber sein, die jemand mit dem Herzen sagt. Die Liebe kommt zu denen, die immer noch hoffen, obwohl sie enttäuscht wurden, zu denen die immer noch glauben, obwohl sie verraten wurden, zu denen, die Liebe brauchen und zu all denen, die immer noch lieben, obwohl sie verletzt wurden. Die Narben auf der Haut zeigen, dass wir lebten, doch die Narben im Herzen zeigen, dass wir liebten. Man sollte dem Menschen in die Augen sehen, dem man das Herz gebrochen hat und man wird erkennen, dass er niemals mehr derselbe sein wird.

Ich erinnere mich ein letztes Mal an den Fremden. Es ist schon komisch, wie man sich tot fühlen kann, obwohl das Herz noch schlägt. Wie kann es sein, dass mir ein Mensch unter sieben Milliarden das Licht zum Leben nimmt, indem er mir die Tür vor der Nase zuknallt? Da sitze ich nun auf den kalten Steinen vor seiner Haustür, auf dem Boden, warte, bis er mir vielleicht die Tür öffnet, und wir nochmals über das Ganze reden können. Im Hinterhof ist es dunkel. Die Vögel zwitschern, ein Vater spielt mit seinem Sohn Fußball, es weht ein leichter Wind.
Die ratternden Zugschienen holen mich wieder in die Realität. Der kleine Junge steht ganz nah vor mir und betrachtet mich mit einem fragenden Blick. Ob er

wohl sieht, dass ich gegen die Tränen ankämpfe? Ich reiße mich zusammen und atme tief durch. Plötzlich geht die Haustür auf, ich stelle mich sofort hin und schaue in den Hauseingang. »Komm rein«, sagt er. Ich trete ohne Widerrede ein und schaue auf den Boden, folge ihm wortlos die Treppe hinauf. Wir laufen an seiner Wohnungstür vorbei, zur Dachterrasse. Jetzt noch die steile Leiter hinauf. Nun stehen wir da, er dicht am Geländer. Da ich nicht weiß, wie er auf meine Nähe reagiert, halte ich Abstand.

»Du hast mein Herz gebrochen«, sage ich.

»Und du meins«, erwidert er ruhig. Mit Tränen in den Augen schaut er mich an. »Was machen wir nun?«, fragt er, während er gegen seine Tränen ankämpft.

»Ich gebe dir meine Herzhälfte, damit wenigstens eines von uns wieder ganz ist«, sage ich.

»Wie meinst du das?«, ich bin verwirrt von seinen Worten.

»Mach die Augen zu«, flüstert er. Ich mache, was er sagt.

Er drückt mir einen Kuss auf die Stirn und sagt: »Ich liebe dich bis in den Tod und weiter.«

Ich schlage ruckartig die Augen auf und will ihm gerade sagen, dass ich ihn auch für immer lieben werde.

»Es geht nicht«, unterbricht er.

Ohne etwas zu sagen, verlasse ich die Terrasse und wandere durch die eiskalte Nacht.

Das kalte Eisen

Endlich sind Mama, mein Bruder und ich wieder vereint. Doch wo ist unser neues zu Hause? Haben wir überhaupt ein zu Hause oder suchen wir immer noch unseren Platz auf dieser Welt? Ich habe mein zu Hause verlassen, um ein neues zu finden, und trotzdem stehe ich mit leeren Händen da. Unser Weg führt uns in ein Heim für Flüchtlinge, weil wir kein weißes Kreuz auf unseren Pässen haben. Da sind wir nun mit vielen anderen Flüchtlingen aus verschiedenen Ländern, aus Kolumbien, Italien, Spanien und aus dem Balkan. Die Toiletten sind öffentlich und für alle im Haus zugänglich. Es scheint, als wären wir wie eine große Familie. In diesem Heim lernen wir Ron und Lisa kennen. Mit ihnen spielen wir oft auf den Straßen »Verstecken« oder »Räuber und Polizist«. Ich hatte bis zu diesem Zeitpunkt nie Freunde, nur meine Familie, Mama, Großpapa, Großmama und meinen Bruder. Wir wohnen zu dritt in einem kleinen Zimmer. Und da das Bett zu klein ist, schläft Mama immer auf dem Boden. Wir haben nicht viel zu essen, doch Papa interessiert es nicht. Alles scheint mir so unreal und ich vermisse meine Familie. Mama hat immer gesagt: »Blut ist dicker als Wasser.« Was wohl damit gemeint ist? Meine Großeltern haben mir viel beigebracht und auf den Weg mitgegeben. Ich weiß, dass die Erde eine Kugel ist. Heißt das, wir drehen uns endlos im Kreis? Immer wieder derselbe Ablauf, dieselben Geschichten, dieselben Leute, dieselben Erinnerungen, dieselben Fehler? Wäre die Erde eine Platte, würde ich meine Grenzen suchen, und beim Versuch, ihnen die Stirn zu bieten, würde ich fallen. Doch das macht nichts, denn ich habe gelernt, wieder aufzustehen.

All diese Menschen, denen ich mein Vertrauen schenkte. Ein Schwert, mit dem sie versuchten mich zu vernichten. Ein Schwert mit einer solch scharfen Klinge, das Schwert von 1998. An der Klinge das Blut von Unschuldigen, das Blut von Vätern und Müttern, von Verwandten und Bekannten, von Kindern. Das Blut meiner Familie, mein Blut. Viele tapfere Krieger sind gefallen, Frauen verloren ihre Männer, Kinder ihre Väter. Eine schwierige Zeit für diejenigen, die sie gerade durchlebten und für all diese, die sich nicht zu schade dafür waren, im Fernsehen das Geschehen mit zu verfolgen.

»Die Welt ist böse«, sagte Mama.

Ich denke oft an diese Nacht, weil ich nicht mehr schlafen kann. Mama hat oft geweint, weil kein Licht am Ende des Tunnels sichtbar war. Im Parlament saß ein Mann, der ziellos in den Krieg zog und die Leute

aus ihrem Land vertrieb. Der Krieg hatte nicht das Ziel zum Sieg, er diente der
Eroberung. Da standen sie da mit nichts als einer Tüte und die Wände waren blutverschmiert. Die Männer von den Frauen getrennt, Männer ermordet, Frauen massakriert. Massengräber in jeder Richtung. Jeder hat sich gefragt, was dort wohl geschieht. Den Eltern wurden ihre Kinder genommen und zur Sklaverei getrieben. All diese verlorenen Seelen, bettelnd um Vergebung.

Das kalte Eisen am Kopf, das letzte Gebet, und dann fiel der Schuss. Alle Häuser in Flammen und Städte bombardiert. Ich sah, wie mein Land am Abgrund stand, die Leute, für die jede Hilfe zu spät kam. Damals verstand ich nicht was passiert, aber ich verstand, dass es etwas Schlimmes war. Jedes Mal wenn das Telefon klingelte, stand die Zeit für einen kurzen Moment still, weil wir wussten, dass es sich wieder um einen Todesfall in der Familie handeln muss. Ein Völkermord, der kein Ende zu finden schien. Unser Land stand seit Januar 1998 unter Beschuss. Deren Mission war es, die lokale Industrie zu zerstören.

Der Konflikt, auch der Linke Krieg genannt, war der erste Krieg, an dem sich die Bundesrepublik Deutschland beteiligte, ein Krieg gegen einen souveränen Staat. Immer wieder wurde das Regime aufgefordert, die brutale Unterdrückung, Vertreibung und Ermordung der Bevölkerung zu beenden, ohne Erfolg. Mama erzählte mir viele Geschichten aus ihrem Leben, vor allem Erlebnisse unserer Familie während des Krieges. Mein Bruder und ich hatten Fragen zu unseren Verwandten und wollten wissen, wie sie starben. Mama fing damit an das Geschehene zu schildern, und bevor sie die Geschichte zu Ende bringen konnte, fing sie an zu weinen und wir weinten mit.

Es war die Nacht des 18. April 1998. Unsere Familie lebte in einem kleinen Dorf. Wegen einer Bombenexplosion rannte Mamas Schwester in den Keller. Großpapa war in der Stadt bei der Arbeit. Mit dem Signal ›Fliegeralarm‹, der in der ganzen Stadt ertönte, eilte er vom Luftwaffenstützpunkt nach Hause, während die Bomben überall zu detonieren begannen. Durch die Explosionen wurden die Straßen vom Fluss überschwemmt und das Wasser kam hoch bis in den Keller. Das Haus stand in Flammen, das Haus meiner Kindheit. Auf der Suche nach einem Ausweg kroch meine Tante in einen Tunnel, sie musste einen Ausweg finden. Auf dem Rücken rutschend kroch sie durch den schmalen, verdreckten Tunnel. Sie musste herausfinden, ob der Weg auf der anderen Seite für sie offen war.

Wenn sie in der Lage war, einen Ausgang zu finden, konnte sie ihrer Familie die Flucht vor dem steigenden Wasser ermöglichen. Als sie auf der anderen Seite ankam, stellte sie fest, dass der Weg blockiert war. Sie kroch den ganzen Weg wieder zurück.

Ein Licht am Ende des Tunnels. Großpapa, der es sicher zurückgeschafft hatte. Er überlegte, wie er seine Familie sicher aus diesem brennenden Gebäude bekommen konnte, bevor es über ihnen zusammenstürzte. Er nahm eine nasse Decke, warf sie ihr über die Schultern und sagte, sie solle zum Park laufen, wo er sich mit ihr so bald wie möglich treffen würde. Sie flüchtete aus dem Gebäude und rannte die Straße hinunter, wohl wissend, dass Großpapa ihr folgen würde. Das Feuer war überall und Bomben fielen immer noch. Das Dorf war ein brennendes Inferno.

Mutter erinnert sich: »Die Gebäude waren alle in Brand und stürzten auf beiden Seiten ein. Meine Schwester lief durch die Straßen. Es war dunkel und der Rauch war wie eine dicke Wolke. Die Straßen waren alle aufgebrochen und heiß. Ihre Schuhe brannten, die Schuhsohlen rollten sich zusammen. Ihre Füße und Haare brannten. Phosphor war überall auf ihr.«

Sie erreichte den Park und wartete dort mit anderen Überlebenden, bis ihnen befohlen wurde, wegen einer nicht explodierten Bombe in ihrer Mitte, diesen zu verlassen. Als der Angriff vorbei war und sie sich zurück in ihr Heim wagte, sah sie, dass dort alles in Trümmern lag. Sie ging von Ort zu Ort auf der Suche nach ihrer Familie in der Hoffnung, sie seien rechtzeitig herausgekommen. Schließlich mit wenig verbliebener Hoffnung, fing sie an, alle Leichen zu durchsuchen, die auf den Straßen aufgereiht waren, um identifiziert und begraben zu werden. Sie suchte die Reihen der Leichen drei Tage lang ab. Wieder ging sie zurück an den Ort, an dem ihr Haus stand. Jetzt sah sie Soldaten, die in den Trümmern gruben. Ihre Augen erblickten rote Socken. Socken, die sie selbst gestrickt hatte und die von den Füßen eines Mannes baumelten. Die Leiche ihres Vaters, von Großpapa. Und dann dieser Schmerz und dieser Kummer. Mamas Schwester endete im Krankenhaus. Nach dieser schrecklichen Nacht des 18./19. Aprils 1998 sollten mehrere Wochen Kampf ums Überleben folgen.

Früher kämpfte man für das Land und für die Familie, heute kämpft man gegen ein Land und tötet andere Familien. Wir sollten für die Freiheit kämpfen, ich kämpfe für die Freiheit! Jeder sollte das Recht haben, selbst über das eigene Leben zu bestimmen.

Eisiger Asphalt

Mama, mein Bruder und ich sind viel umgezogen. Zuerst lebten wir sechs Monate in Genf, danach einige Monate in Bellinzona. Schließlich entschied sich der Staat dazu, unsere kleine Familie in Luzern einzuquartieren. Wir lebten in einer Wohnung mit einem Zimmer. Zu groß für mich allein, zu klein für uns drei. Als ich dann in den Kindergarten kam, habe ich viele gleichaltrige Kinder kennengelernt. Doch keiner wollte mit mir befreundet sein, weil ich nicht deutsch sprechen konnte. Die Mädchen haben mich ausgelacht und die Jungs verfolgten mich auf dem Weg nach Hause und warfen mir Steine an den Kopf. Der einzige Freund, den ich hatte, war mein großer Bruder.

Es vergingen Tage, Wochen und Monate. Endlich besuchte ich die erste Klasse und lernte neue Schüler kennen. »Vielleicht sind diese nicht so böse wie anderen«, dachte ich mir. Ich war ein sehr aufgeschlossenes Mädchen und versuchte mich in der Schweiz zu integrieren und zurechtzufinden. Meine Deutschkenntnisse wurden im Verlauf der Zeit schon viel besser und meine Lehrerin war sehr stolz auf mich. Heute weiß ich, dass Kinder viel schlimmer sein können als Erwachsene. Ich musste mir stets

Beschimpfungen wie »Scheiß-Jugo« oder »Drecks-Ausländer« anhören. Ich versuchte es zu ignorieren, doch trotzdem gab es den ein oder anderen Tag, an dem ich weinend nach Hause rannte.

Es kam der Tag, der mein Leben verändern sollte, dachte ich. Die Schulaufführung des Stückes »der Froschkönig«. Doch ich bekam nur die Rolle einer Blume. Mama war sehr stolz auf mich und hat gesagt, sie hätten mir die Rolle der Blume gegeben, weil ich so wunderschön bin. Ich glaubte ihr und prahlte mir meiner Theaterrolle als Blume. Ich stand in der Ecke, mein Gesicht war grün angemalt, die Blumenblätter fielen mir ins Gesicht. Da stand ich nun, ohne mich zu bewegen, geschätzte zwei Stunden. Doch alle haben applaudiert und Mama hat mich weinend in die Arme genommen. »Du warst die Beste von allen«, sagte sie.

So vergingen die Jahre. Ich kann mich nur blass an einige schöne Momente aus der Kindheit erinnern. Die schlechten Zeiten jedoch sind so nah, als wären sie gestern passiert. Papa hat sich nie um uns gekümmert und Mama musste seinetwegen oft vor Gericht. Er wollte nie für uns Unterhalt zahlen, trieb sein Geschäft in den Konkurs und lebte vom Sozialamt. Und das alles nur, um für meinen Bruder und mich nicht sorgen zu müssen. Papa war ein schlechter Mensch. Und Mama, Mama war die stärkere von ihnen.

Nach einiger Zeit der Unterdrückung in der Schule und Beschimpfungen brachte ich die Schulzeit hinter mich. Und genau dieses Jahr, war unser Jahr. Denn das war das Jahr, an dem wir endlich das weiße Kreuz auf unseren Pässen hatten. Hand aufs Herz, ich hatte das Kämpfen satt. Kämpfen um einen Platz, den ich nie wollte, kämpfen für Freunde, die ich nie hatte. Da war ich nun, in der Schweiz. Und trotzdem fühlte ich mich nie fremder als in diesem Augenblick. Trotz des weißen Kreuzes wurde ich als Ausländerin bezeichnet. Ich war eine Fremde.

Das Jahr 2006. Das Jahr, an dem wir nach 14 Jahren das erste Mal wieder in unsere Heimat reisen konnten. Ich freue mich so sehr, unsere Verwandten und Bekannten zu besuchen. Zum ersten Mal sitze ich in einem Flugzeug, ein Augenblick, der für mich so überwältigend ist, dass ich es kaum beschreiben kann. Und in diesem Moment schießt mir ein Lied durch den Kopf »Über den Wolken« von Reinhard Mey. Ein wunderschöner Song. Zum ersten Mal verstehe ich diesen Song, da ich es selbst erlebe. Wir sind hoch über den Wolken und fliegen dem Horizont entgegen. Am Flughafen angekommen, falle ich meinem Onkel weinend in die Arme, ein Augenblick, der mir das Leben nimmt. Endlich wieder zu Hause. Unser Dorf wurde komplett neu aufgebaut und unser altes Haus ist schöner als je zuvor. Großmama, meine Tanten und Onkel, meine ganze Familie steht mit einem riesigen Buffet im Vorgarten und begrüßt uns herzlich. »Das ist der schönste Moment in meinem Leben«, denke ich mir. Wir sitzen am Familientisch, schauen uns alte Fotos an, erzählen uns Geschichten, plaudern und lachen. Es ist ein Moment, der mir für immer in Erinnerung bleiben wird.

Die Sonne geht langsam unter und ich helfe meiner Tante beim Abräumen. »Morgen wollen
wir grillieren«, sagt sie begeistert. Ich sehe ihr lächelndes Gesicht und weiß, wo mein Herz zu Hause ist.

Großmama sitzt an meinem Bett und erzählt mir eine Geschichte: »Damals hattest du dein rosa Kleidchen, das dir deine Tante zu deinem zweiten Geburtstag geschenkt hatte. Du warst sofort verliebt in dieses Kleid und wolltest es jeden Tag tragen. Eines Tages machte deine Mutter ein Foto von dir, als du versucht hast, die Äpfel vom Baum runterzuholen. Nachdem sie dir das Foto zeigte, fingst du an zu weinen und fragtest, wer dieses Mädchen sei, das dir dein Lieblingskleid geklaut hat.«

Wir fangen beide an zu lachen und ich scheine zum ersten Mal mit der Welt im Einklang zu sein. Am nächsten Morgen stehe ich auf und renne sofort in die

Küche runter. »Es war kein Traum, es ist alles wahr, ich bin hier«, denke ich mir. Dies sind die schönsten Ferien in meinem Leben. Doch diesmal ist alles anders, nicht wie damals. Ich bin zwar in meiner Heimat, doch es ist nicht mehr mein zu Hause. Wenn ich weder in der Schweiz, noch hier zu Hause bin, muss ich immer noch meinen Platz auf dieser Welt finden. Ein zu Hause ist nicht einfach nur ein Ort, wo man wohnt. Es ist viel mehr. Es ist dort, wo man sich wohlfühlt. Es ist dort, wo man Menschen hat, die immer hinter einem stehen. Es ist dort, wo man sich geborgen und angenommen fühlt. Nur weil ich nicht mehr hier lebe, ändert sich mein zu Hause nicht. Zu Hause ist dort, wo das Herz zu Hause ist.

Der Abschied von meiner Familie fällt mir schwer. Trotzdem freue ich mich darauf, meine Freunde in der Schweiz wieder zu sehen. Doch diese Freude dauert nicht lange an. Da ich trotz meiner guten Noten am Gymnasium keinen Ausbildungsplatz finde, reise ich zu meiner Tante nach Amerika, um dort einen Sprachaufenthalt zu machen und mein Englisch zu optimieren. Ich genieße die Zeit in Ohio sehr und lerne viele neue Leute kennen. Von dort aus bemühe ich mich weiterhin um einen Ausbildungsplatz. Es ist der Moment gekommen, an dem es mir unwichtig ist, um welche Ausbildung es sich handelt. »Wir »Ausländer«

machen ja sowieso alles«, denke ich mir. Im Jahr 2008 beginne ich schließlich mit der Ausbildung zur Detailhandelsfachfrau in einem Herrenmodegeschäft in Luzern. Ich absolviere die Ausbildung mit Bravour und bin bereit für eine neue Herausforderung.

Ich besuche die Berufsmaturitätsschule Gesundheit und Soziales, doch auch das ist mir nicht genug. Während der Berufsmaturitätsschule sammle ich viele Erfahrungen, erweitere meinen Horizont und setze mir neue Ziele. Meine Deutschlehrerin schafft es, mich fürs Lesen und Schreiben zu begeistern und ich entdecke mein Talent. Im September 2013 beginne ich mit meinem Studium an der Schule für Angewandte Linguistik. Zum ersten Mal fühle ich, am richtigen Ort zu Hause zu sein. Zum ersten Mal merke ich, dass ich trotz ausländischer Herkunft etwas draufhabe. Zum ersten Mal erinnere ich mich an die herablassenden Worte meiner Lehrer wie »aus dir wird nie was« oder »das Gymnasium schaffst du nicht« und lächle. Ich lächle, weil ich weiß, dass ich alles schaffen kann, wenn ich es nur wirklich will. Vielleicht ist es mein Name, der mir manchmal zum Verhängnis werden kann. Leider ist das ein Grund, warum man manchmal nicht einmal die Chance bekommt, die Stärken und Fähigkeiten unter Beweis zu stellen.

Der kalte Februar

18:04 Uhr. Wie jeden Abend, seit mehreren Monaten, sitze ich in der Bahn von Zürich nach Luzern. Eine Frau in einem wunderschönen dunkelblauen Kleid, die Haare hochgesteckt. Wo geht diese Dame wohl hin? Sie scheint glücklich zu sein. Ihre Augen funkeln und sehen der Sonne entgegen. Rechts von ihr eine junge Dame, Mitte zwanzig, mit gewaltigen Augenringen. Sie scheint völlig abwesend zu sein. Wo sie wohl ihre Gedanken hat? Sie lächelt, und dann, plötzlich, läuft ihr eine Träne übers Gesicht. Es gibt kaum etwas Traurigeres, als jemanden dabei zu beobachten, wie er bei dem Versuch zu lächeln anfängt zu weinen. Ich schaue mich im Waggon um und stelle fest, dass sich in den letzten Monaten nichts geändert hat. Immer noch scheinen alle mit sich selbst beschäftigt zu sein. Immer noch derselbe Weg, den ich jeden Tag zurücklege. Dieselben Menschen, dieselben Gesichter, dieselbe trübe Stimmung. Nur manchmal, wenn der aufgestellte Mann mit der Minibar durch den Waggon schlendert, schmunzelt der ein oder andere Fahrgast. Er verbreitet stets gute Stimmung, singt, summt sich nahezu durch die ganze Bahn. Er ist glücklich, das sieht und fühlt man. Wiedermal ertappe ich mich dabei, wie ich in meine kleine Welt hinein sinke und den Realitätsbezug verliere. Langsam verschwindet der Horizont hinter den Wänden des Bahnhofes. Mein Weg führt mich durch die Stadt. Der Himmel weint, wie er es schon seit Monaten tut. Warum kann der Himmel nicht glücklich sein? Sind wir der Grund, wieso er nicht lächeln kann? Weil wir vielleicht nicht zurücklächeln? Ich lächle den Regentropfen entgegen, doch sie hören nicht auf zu fallen. Ich lächle den Himmel an, doch er wird nicht heller. Ich lächle die Wolken an, doch sie bleiben an Ort und Stelle. Ich stehe mitten im Regen, mitten im Leben, und nichts scheint sich geändert zu haben.

Ich laufe am Löwengraben vorbei, bleibe kurz stehen und setze mich auf eine nasse Bank. Im Verlauf der Zeit ist der Regen zu meinem Freund geworden, zu einem Verbündeten. Ein Freund, der immer für mich da ist und mich deckt, wenn mir Tränen die Wange runterlaufen. Da sitze ich nun, während mir der Wind die Regentropfen ins Gesicht wirft. Die Blätter blühen langsam wieder auf und trotzdem kommt es mir vor, als würde dieser Winter nie ein Ende finden.

Tausend Fragen schießen mir durch den Kopf. Bin ich am Leben? Existiere ich wirklich? Oder lebe ich im Traum von jemandem? Schmerz fühle ich schon lange keinen mehr. Wenigstens der Schmerz könnte mich fühlen lassen, dass ich echt bin, dass Blut in meinen Adern fließt.

Ich schaue auf den Bildschirm meines Telefons. Verpasste Anrufe, ungelesene Nachrichten, doch es interessiert mich nicht. Ob der Spiegel meines Bildschirmes wohl mein bester Freund ist? Scheint wohl so! Denn er hat noch nie gelacht, als ich geweint habe. In meinen Kopfhörern erklingt der Song »say something« von A Great Big World und Christina Aguilera. Ich sehe so viele glückliche Paare und trotzdem fühle ich mich nicht allein. Und plötzlich erinnere ich mich: »Ich konnte es kaum abwarten, groß zu werden. Ich konnte es kaum erwarten, endlich in die Schule zu gehen, allein rausgehen zu dürfen, endlich ganz allein, ohne Mamas Hilfe an den Schrank, der ganz oben in der Küche stand, zu kommen. Ich konnte es kaum abwarten, in meiner bunten Welt mit meinem Märchenprinzen zu leben. Mama hat mir so viel beigebracht, so viel geschenkt und meine Tränen weggewischt. Mama hat mir gesagt, dass das Leben toll sei. Sie hat gesagt, dass man Menschen kennenlernen wird, die einem ans Herz wachsen. Aber warum hat Mama mir nie gesagt, dass es auch schlechte Menschen gibt? Warum hat sie mich nicht gelehrt, dass nicht jeder mein Lächeln sehen darf? Hat sie es vergessen?

Warum hat sie mir nie gesagt, dass das Erwachsenenleben scheiße ist? Sie hat es nicht vergessen! Ich seufze auf. Mein Gesicht spiegelt sich am Fenster. Draußen regnet es und die kalten Tropfen fließen langsam die Scheibe hinunter. Und nun verstehe ich es: In diesem Leben, in meinem Leben, bin ich der Champion. Ich kann fallen, tief sinken, innerlich sterben, schreien. Aber ich kann auch auf dem höchsten Platz stehen, beim Lachen ersticken und über mein Glück fallen.

Egal, was ich mache, egal, ob es gut oder schlecht ist, ich bin und bleib der Champion meines Lebens. Ich laufe mit einem Grinsen an meinem Glück vorbei und zeig ihm den Mittelfinger. Ich laufe geradewegs mit einem Lachen in mein Unglück hinein und komme mit meinem Glück wieder heraus. Ich fächer mir die schönste Luft des Lebens zu und puste sie wieder weg, damit ich die dunkle Seite des Lebens kennenlerne. Ich mache einen Handstand und stehe auf dem Kopf, rappel mich wieder auf und stehe wieder mit beiden Beinen im Leben. Ich brauche mir keine Gedanken darüber zu machen wer, wie, wo, was schafft, hat, bekommt, denn ich weiß, dass ich der Champion meines Lebens bleibe. Ich werde auf die Nase fallen und wieder aufstehen. Ich renne in eine dunkle Höhle und rufe nach Hilfe und komme mit anderen Problemen wieder raus. Ich werfe mich ins Meer und lasse mich sinken. Wenn ich die Kraft dazu habe, schwimm ich wieder hoch. Ich laufe eiskalt gegen die Wand, um wieder aufzuwachen. Ich springe in eine Flut voll mit Problemen und sehe die Welt von einer anderen Seite. Ich schaffe es dann irgendwie wieder raus und sehe die Welt von ihrer tollsten Seite. Und als ich gesunken bin, war ich immer noch der Champion meines Lebens. Ich hüpfe mit verbundenen Augen in einen Sturm der Gefühle, lasse mich da verwirren, zerbrechen, im Kreis drehen und dann wieder ausspucken. Ich renne so schnell ich kann in die schönen Momente meines Lebens und komme genauso schnell wieder raus. Da ich nun außer Puste bin, muss ich langsam durch die schlimmen Momente laufen und komme genauso langsam wieder heraus. Und ich bleibe immer noch der Champion meines Lebens.

Ein neuer Schultag nähert sich langsam dem Ende. Der Unterricht ist vorbei und wieder habe ich nichts gelernt, nicht aufgepasst. Ich glaube, ich weiß schon alles. Nur ja, vielleicht auch nicht. Auf jeden Fall weiß ich, oder auch nicht, was wirklich wichtig ist im Leben. Ich habe viele Menschen kennengelernt, viele Menschen geliebt, vermisst, verachtet, vergessen. Mit ihnen gelacht und geweint. Und jedes Mal war ich darüber erstaunt, als wäre es etwas Neues, dass sie sich als falsch entpuppten, andere Interessen verfolgten oder einfach nur zu feige waren, sich selbst zu sein. Ja, solchen Menschen bin ich begegnet. Menschen, die so getan haben als würden sie für mich da sein, weil sie Angst hatten, sie könnten etwas verpassen. Und nun behaupten viele, ich sei kalt zu ihnen, berechtigt, ich bin kalt zu vielen. Aber nicht, weil ich keine Liebe in mir trage, sondern, weil ich weiß, wie es sich anfühlt, wenn Verräter mich umarmen.

Manchmal stellt sich heraus, dass die Person, für die du dich in die Kugel werfen würdest, die Person hinter der Waffe ist. Es gibt Dinge, die man nicht versteht. Momente, in denen einem alles egal ist. Träume, die man vergisst. Worte, die einen verletzen. Lieder, die man nicht mehr hören will. Orte, an die man zurückkehren möchte. Einen Menschen, den man sehr vermisst. Erinnerungen, die einem das Herz brechen. Gefühle, die man nicht steuern kann. Tränen, die unweigerlich kommen. Augenblicke, die einem nicht mehr aus dem Kopf gehen. Einiges, das man hätte besser machen können. Tage, an denen man nicht mehr weiter weiß. Stunden, in denen man sich allein gelassen fühlt. Minuten, in denen man begreift, was einem wirklich fehlt. Sekunden, in denen man verzweifelt ist. Es gibt Momente im Leben eines jeden Menschen, da hört die Erde für einen kurzen Moment auf sich zu drehen. Und wenn sie sich dann wieder weiterdreht, wird nichts mehr so sein, wie es vorher war.

Zu Hause angekommen, liege ich im Bett, mache mir Gedanken, Gedanken um die Menschen aus meiner Vergangenheit, Gedanken um die Menschen aus meiner Gegenwart. Diese und jene Menschen. Erneut stelle ich mich dem Kampf meiner Gedanken und Gefühle. Dem alltäglichen Kampf zwischen Herz und Verstand, Wahrheit und Lüge, Schein und Sein, Liebe und Leben. Mitten drin, ja, dort stehe ich. Gefesselt von Gedanken und Gefühlen drehe ich mich im Kreis. Ich trage schwere Ketten, habe viele Steine vor mir. Der Weg ist düster, dunkel und kalt. Ich bleibe stehen, schaue mir meine Umgebung noch mal tiefgründig an und stelle fest, dass es den Inhalt meines Lebens widerspiegelt. Ich stelle fest, dass ich mir die Ketten selbst angelegt und die Steine selbst in den Weg gelegt habe. Nicht zu übersehen die großen Felsstücke, bei denen mir Menschen scheinbar geholfen haben, mir diese in den Weg zu legen. Die Steine und Ketten resultieren sich auf einer von uns geglaubten Wahrheit, die sich aber als Lüge erweist. Sie resultieren darauf, dass der Schein mancher Menschen größer war als das Sein. Sie zeigen auf, dass wir manchen Menschen mit mehr Liebe und Vertrauen begegnet sind, als es scheinbar gut war.

Es sind Lektionen des Lebens, die uns oft teuer zu stehen kommen. So sind wir gezwungen, all diese Steine selbst beiseite zu räumen. Aber in manchen Momenten gibt es auch wieder Menschen, die uns dabei helfen und unterstützen, all diese Steine wegzuräumen und die Ketten abzulegen. Einfach nur, weil sie uns frei sehen wollen und uns lieben. Letzten Endes kann ich nur sagen, dass wir uns nicht über Menschen lustig machen sollten, die wir belügen konnten. Sie sind keine Idioten, sie haben uns nur mehr Vertrauen geschenkt, als wir verdient haben. Ich habe gelernt zu sagen: »Macht nichts.« Ich habe gelernt zu sagen: »Ich habe nichts anderes erwartet.« Ich habe gelernt die Augen davor zu verschließen, ein Lächeln vorzutäuschen und weiter zu gehen.

Das Mädchen gegenüber von mir blickt traurig. Ihre Augen sind leer. Früher konnte man das Glück in ihnen funkeln sehen. Ihre Haut wirkt blass. Sie presst ihre Lippen zusammen. Sie will schreien. Sie fängt an zu zittern, zu beben. Sie schaut mich an und plötzlich rollt eine Träne über ihr Gesicht. Ich strecke meine Hand nach ihr aus, will sie trösten.
Doch das Einzige, was ich spüre, ist die eiskalte Scheibe meines Spiegels. Nein! Ich wische mir die Träne aus meinem Gesicht. Meine Augen leuchten voller Geheimnisse, sie funkeln, sie leben, sie

strahlen. Ich bin stark, weil ich meine Schwächen kenne, ich bin lebendig, weil ich eine Kämpferin bin, ich bin klug, weil ich dumm gewesen bin und ich kann lachen, denn ich habe Traurigkeit kennengelernt. Eine stolze, starke Frau, die es durch harte Zeiten geschafft und gelernt hat, im Regen zu tanzen.

Marylin Monroe sagte einst: »Eine Frau braucht niemanden, der sie nicht braucht.« Ich brauche niemanden! Ein Mensch ist keine Insel, sagt ein altes Sprichwort. Doch ein Mensch kann eine Insel sein. Ich bin eine Insel. Weit draußen im Ozean unter einem dunklen Himmel. In grauen, düster anmutenden Nebelschwaden verblasse ich. Scharfe, kantige Felsen ragen aus dem kalten Wasser und zerstören jedes Schiff, dass sich mir nähern möchte. Die meiste Zeit fühle ich mich wie ein Statist im Bühnenbild weit hinten. Die Kulissen scheinen mich zu verschlingen. Abgedrängt von den handelnden Personen des Schauspiels »Leben«. Ich verschwinde so schnell aus der Lebensgeschichte einer Person, wie ich zuvor auch hereingeschlittert bin. Kein Eindruck bleibt zurück. Keine wirklich wichtige Erinnerung, die Bestand hat. Nach einigen

Tagen, Monaten, Jahren entweder nur noch ein Name, der selten in Gedanken oder Gesprächen auftaucht. Vielleicht auch nur ein Farbklecks, in dem man meint, ein Gesicht erkennen zu können. Ein Gesicht, das man aber mit nichts in Verbindung bringen kann. Ich brauche niemanden! Je öfter ich es schreibe, umso sicherer werde ich diesbezüglich. Je öfter ich es schreibe, umso mehr beginne ich, es selbst zu glauben. Ich atme aus eigener Kraft. Mein Herz schlägt und pumpt das Blut durch meinen Körper. Auf meinen eigenen Beinen stehe ich aus eigener Kraft. Ich brauche niemanden. Das Leben ist vergänglich, doch der Tod für die Ewigkeit.

Engelsflügel

Es ist viel Zeit vergangen. Lange habe ich über ihn nachgedacht. Lange habe ich darüber nachgedacht, ob es die richtige Entscheidung war. Lange habe ich die Entscheidung für die richtige gehalten. Ich hatte Zeit, um wieder mein Leben zu leben. Es hatte keinen Sinn, länger sein Leben zu leben. Endlich wollte ich ein eigenes haben. Knapp, viel zu knapp war es. Fast hätte ihm mein Herz gehört, ihm allein. So ist nur ein kleines Stück bei ihm geblieben. Ich habe gelernt, mein Leben zu lieben, ohne ihn. Doch plötzlich steht er vor mir und alles ist wie früher. Zumindest bei mir, denn er hatte immer noch mein Herzstück. Doch plötzlich steh ich vor ihm und nichts ist wie früher. Ich bin ihm egal und das Herzstück hat er verloren. »Haltet die Welt an, ich will aussteigen«, denke ich mir. Man sagt, dass Menschen, die zusammengehören, egal, auf welche Art und Weise, irgendwann wieder zusammenfinden. Es ist egal, was zwischen ihnen passiert ist, wie viele Fehler gemacht wurden und wie viel Zeit vergangen ist. Es ist egal, wie fern sie sich sind, sie werden sich trotzdem immer nahe sein. Und da ist er wieder. Ein Moment, der mich aus der Bahn wirft. Wie aus dem Nichts aufgetaucht wirft es mich zu Boden, bringt mich aus dem Konzept und die Wunden reißen wieder auf. Es versetzt mir einen Hieb und raubt mir für einen Moment den Atem, dass ich innehalten und mein Gleichgewicht wiederfinden muss. Jede Erinnerung, Sätze, Worte, Gerüche, daran denken zu müssen.

Ich laufe durch die Stadt, und sobald ich sein Parfum rieche, drehe ich mich sofort um, nur um zu sehen, ob er es ist. Dieser Gedanke an ihn, er ist wie ein Monster. Ein Monster, vor dem wir in unserer Kindheit Angst hatten. Wir wussten, es lauert im Schrank oder unter dem Bett, aber wir wussten nie, wann es rauskommen würde. Wissen wir danach nicht, dass wir so viel aushalten können, dass wir überleben, auch wenn es uns in dem Moment nicht so vorkommt? Wie oft hat man schon heulend auf dem Boden gelegen und gesagt, man wolle nicht mehr, sich nie wieder verlieben, nie wieder diese Schmerzen spüren? Wie oft hat es sich schon wie das Ende der Welt angefühlt, aber es ging immer weiter? Die Welt interessiert sich nicht für unseren Schmerz, sie dreht sich immer weiter. Man kann noch so oft verletzt werden, noch so oft am Boden liegen, noch so große Schmerzen spüren. Irgendwann kommt der Zeitpunkt, an dem man sich wieder mit der Erde dreht. Irgendwann kommt der Zeitpunkt, an dem die Sehnsucht nach Nähe größer ist als alle erlebten Schmerzen. Der Zeitpunkt, an dem man wieder vertraut und offen auf

Menschen zugeht, ihnen die Chance gibt zu beweisen, anders zu sein. Und es kommt der Zeitpunkt, an dem man sich wieder verliebt. Niemand kann versprechen, ob es für immer ist, niemand kann versprechen, dass es nicht wieder wehtut. Es wird auf eine Art und Weise immer wieder wehtun. Aber man muss dennoch hoffen, an die Liebe glauben und darauf vertrauen. Denn was ist eine Welt ohne Liebe? Liebe ist oft das Einzige, was uns weitermachen lässt. Es hält uns in langen Nächten warm, es schenkt uns Hoffnung.

Manchmal stelle ich mich nach draußen in den kalten Wind, schließe meine Augen und lasse alle Gedanken fallen, atme tief durch. Dabei wirbelt mir der Wind meine Haare ins Gesicht und die Kälte färbt meine Ohrläppchen ganz rot, und meine Lippen blau. Die Welt vor mir wird grau, als ich meine Augen wieder öffne, meine Gedanken mich zurück ins Leben drücken, das Atmen schwerfällt, wenn ich ihn dort stehen sehen würde, und wie ich ihm schon so lange nicht mehr auffalle, wünsche ich mich oft zurück in die Zeit, wo mir der Schmerz von heute den Mut geben würde, mit ihm zu reden. Dann würde er sich auch wieder nach mir umsehen, weil er mich gerne anschaut, und ich denke, dann würde mir das Atmen nicht so schwer fallen, und ich würde meine Gedanken nicht fallen lassen wollen, weil sie alle von ihm handeln, und er bei mir wäre. Und irgendwann wird es auch die wenigen Abende nicht mehr geben, an denen ich kurz vor dem Einschlafen an ihn denke. Und die Blicke schmerzen mich irgendwann nicht mehr. Nein. Irgendwann gibt es diese Blicke nicht mehr. Und irgendwann denke ich gerne daran zurück, wie viel er mir gegeben hat, und werde vergessen, wie viel er mir genommen hat. Ich bin jetzt immer da, wo er nicht ist.

Er hielt meine Hand. Ich wusste, dass es nun das letzte Mal sein würde, an dem wir uns berührten. Ich konnte nicht fassen, dass wir uns so fremd geworden waren. Er ließ meine Hand los. Mir stiegen Tränen in die Augen. Ich sah ihn nur noch verschwommen. Er wurde immer kleiner, bis ich ihn schließlich nicht mehr sah.

In manchen Situationen wünschte ich mir einfach nur Ruhe. Ruhe vor dem Leben. Vor dem, was sich tagtäglich abspielte. Manchmal überholte es mich, leise und langsam. Das, was ich ständig vorgab zu sein, floss langsam wie Schminke von meinem Gesicht. Ich bin stark. Ich versuchte nur für meine Familie und für meine Freunde stark zu sein. Zumindest so zu tun. Es klappte bis jetzt hervorragend.

Ich ließ darauf schließen, dass ich schauspielerische Talente besaß.

Nun sitze ich hier auf einer Parkbank. In einer Gegend, die ich nicht kenne. Ich weiß nicht, was ich tun soll. Mein Leben gleitet im Sekundenbruchteil an mir vorbei. Ja, ich muss es zugeben. Es gab einige schöne Momente. Doch die schlechten Momente übertrumpften sie. Übertrumpften sie mit einem gewaltigen Vorsprung, den man nie hätte einholen können. Wieder fließen mir Tränen übers Gesicht. Doch nun kochen sie. Und ich weiß warum. Mein Herz brennt vor Schmerzen. Denn es besitzt mehr Narben als mein gesamter Körper. Irgendwann bist du an einem Punkt, an dem du begreifst, dass du nicht mehr zu kämpfen brauchst, weil es dich nicht weiterbringt. Du begreifst, dass du nichts mehr tun kannst und musst. Du kannst nichts erzwingen.

Wenn du das begreifst, fällt erst alles in sich zusammen und dann ist alles still. Dann wird plötzlich alles leicht und leer in dir. Du fängst an loszulassen, woran du dich geklammert hast, an Hoffnungen, Menschen oder Dinge aus deiner Vergangenheit, die du so nicht akzeptieren wolltest oder konntest. Du begreifst, dass du all das nicht mehr ändern kannst. Egal, wie sehr du daran glaubst. Egal, wie sehr du es dir wünschst. Egal, wie sehr du dagegen ankämpfst. Egal, wie weh es tut. Was geschehen soll, das geschieht. Was gehen will, das geht. Was bei dir sein will, das bleibt oder kommt aus freiem Willen zu dir zurück. Irgendwann sind die Schmerzen und die Angst loszulassen vorbei. Dann befreist du dich allmählich auch von Ängsten, Schuldgefühlen und Zwängen von allem, was dich festhält. Und du gehst deinen Weg, packst deinen Koffer mit dem, was übrig blieb. Ein Koffer voller Erfahrungen, Erkenntnissen und Erinnerungen. Dein Weg liegt vor dir, du siehst ihn noch nicht, aber du fühlst, es ist so weit. Du beginnst wieder mit dem ersten Schritt.

Doch solange ich noch träumen kann, ist das Leben nicht zu Ende. Irgendwann lernen meine Träume zu fliegen. Und wenn es so weit ist, werde ich bereit sein, die Flügel ausbreiten und der Sonne entgegenfliegen. Und auch wenn ein Flügel einst gebrochen sein sollte, wird mich der Wind davontragen. In meinen Träumen bin ich mehr als ich denke.

Spürst du, wie dir gerade in diesem Moment Flügel wachsen? Sie sind dazu bereit, dich bis zum Horizont zu tragen. Am Ende der Welt abzusetzen. Gebirge zu überfliegen und tiefe Täler. Engel werden nicht geliebt, denn sie sind nicht zum Lieben da. Nur zum Leben. Und wenn sie eine Träne vergießen, dann weint der Himmel. Sie leiden an der Lieblosigkeit, die ihnen entgegenkommt. Aber sie geben niemals auf, nur manchmal verschwinden sie für eine Weile. Denn ihre Flügel müssen wieder heilen, sie müssen neu wachsen, neue Kraft sammeln. Aber sie geben niemals auf, denn ihre Aufgabe ist es, den Menschen die Liebe zu zeigen, die Hoffnung, das Vertrauen. Irgendwann kehrt ein Engel in den Himmel zurück, und dort wird er finden, was er sich so sehnlichst wünscht, Liebe.

Herstellung und Verlag:
BoD- Books on Demand, Norderstedt
ISBN: 9783752861839